이상민 시집

끝말잇기의 그림낙서

마을

빛나는 시정신을 꼼꼼하게 엮어내는 ― 마을

- 이상민(李相旼)
- 서울고, 서강대 전자공학과 졸업
- 문학시대(02신년호) 신인상으로 등단
- 문학시대인회 회장
- 문학의 · 서울, 한국문인협회, 한국시인협회 회원
- 시집 『세상에 묻힌 나를 보며』, 『가로수와 가로등』, 『티끌만한 생각을』, 『가지 없는 나무를 바라보며』, 『외갈타기』, 『끝말잇기의 그림낙서』 외

끝말잇기의 그림낙서

이상민 시집

1판 1쇄 인쇄/ 2021년 11월 25일
1판 1쇄 발행/ 2021년 11월 30일

지은이 / 이 상 민
펴낸이 / 성 춘 복
펴낸곳 / 도서출판 마을

등록‖ 1993년 5월 15일 제3001-1993-151호
주소 03073 서울 종로구 성균관로5길 39-16
전화‖ (02) 765-5663, 010-4265-5663

값 12,000 원

*잘못된 책은 바꿔 드립니다.

ISBN 978-89-8387-340-8 03810

푸른 시와 시인

끝말잇기의 그림낙서

이상민 시집

시인의 말

여섯 번째 시집을 엮는다.
2016년 5월의 제5집 『외길타기』 이후의 작품을 모았다.
 귀가 어두워 곁이어도 목청을 돋워야 알아들으시는 어머니를 모시고 올 여름에 새 둥지를 틀었다. 겨우 한강 하나를 건너왔음에도 모든 것이 새삼스럽기만 하다.
 그간의 지난 시간을 간신히 명맥만 유지해온 졸작들을 추리며 초반부의 「길」에서 「그 후」의 연작에 이르기까지 혼자만의 고립된 내면의 삶에 철저히 빠져 있었음을 깨달았는지 부끄러움이 앞선다.

> 목청 돋아 내지르진 않아도
> 가슴은 늘 가락에 취해 흥얼거리며
> 난 내 노래를 부른다, 더는 부를 수 없는
> 인생의 마지막 그 총명(聰明)의 순간까지.
> ―「한 해를 보내며」의 일부

제6집은 주위에, 점점 비어가는 주인 잃은 공간과 조금이나마 공명(共鳴)이 되기를 더불어 바라는 마음이기도 하다.

또 한 권의 시집을 내놓기까지 응원해주신 선생님께, 그리고 부족한 저를 아껴주시는 모든 분들에게 감사의 마음을 전한다.

2021년 11월
이 상 민

· 시인의 말

1. 오늘도 내게

9월의 아침에 —·12
오늘도 내게 —·14
비 내리는 날의 꿈 —·16
내게서 글은 —·17
성주산 하우고개에서 —·18
길·Ⅰ —·20
길·Ⅱ —·21
길·Ⅲ —·22
길·Ⅳ —·24
길·Ⅴ —·26
길·Ⅵ —·27
길·Ⅶ —·28
길·Ⅷ —·29
길·Ⅸ —·30
길·Ⅹ —·32
사월 기일(忌日)에 —·34
너, 오월을 마주하고 —·36
유월의 뜨락은 —·37

2. 바닷에 드러누우면

십일월의 그리움 ― · 40
7월의 길목 ― · 42
바다에 드러누우면 ― · 44
꽃 피우기 ― · 45
그 후 · I ― · 46
그 후 · II ― · 48
그 후 · III ― · 50
그 후 · IV ― · 52
그 후 · V ― · 54
그 후 · VI ― · 55
그 후 · VII ― · 56
그 후 · VIII ― · 57
그 후 · IX ― · 58
그 후 · X ― · 60
시월 그리고 벗 ― · 62
오늘의 고봉산에는 ― · 63
잠에 곯아떨어져 ― · 64
분꽃 생각에 ― · 66

3. 소낙비 그친 뒤

시심마(是甚麽) — · 68
오늘의 한끼 — · 69
명륜2가 교차로에서 — · 70
길가에는 — · 71
내 마음의 한 켠에 — · 72
산다는 일 — · 73
국립현충원에서 — · 74
지장사를 들어서는데 — · 76
49재를 지내고 — · 78
충혼당 뒤켠에는 — · 80
봉안식장으로 가는 — · 82
목욕 가는 날 — · 83
버스정류장에서 — · 84
강북로를 건너 — · 86
소낙비 그친 뒤 — · 87
봄비 내리는 날은 — · 88
골방에서 — · 89
거울 속의 조각들 — · 90

4. 볕 좋은 날에

벚길을 따라 ― · 92
문밖의 세상 ― · 93
빈집 지키기 ― · 94
어느 날 오후 ― · 96
목리(木理)를 헤아리다가 ― · 98
경칩을 지나 ― · 99
볕 좋은 날에 ― · 100
일기예보 ― · 102
동행(同行) ― · 103
생신 즈음에 ― · 104
그런 여기에 ― · 105
가을빛 깊숙이 ― · 106
담장 안은 ― · 107
내가 사는 동네 ― · 108
잊혀지는 것들 ― · 110
결혼기념일 ― · 111
한 해를 보내며 ― · 112
소한 추위에 ― · 114

5. 사랑한다는 건

비가 내리네 ― · 116
봄빛 소묘(素描) ― · 117
청명(清明)을 맞으며 ― · 118
봄의 흔적 ― · 119
새벽녘에 ― · 120
사랑한다는 건 ― · 121
어느 가을날 ― · 122
바람 따라 ― · 123
새해맞이 ― · 124
더없는 세월 ― · 125
시인의 아내 ― · 126
모녀사랑 ― · 127
담장 위엔 ― · 128
길 밖에는 ― · 129
한낮의 나들이 ― · 130
이사를 하고 ― · 131
그림자 밟기 ― · 132
시월에 ― · 134

1.

오늘도 내게

9월의 아침에

지루함을 털어버리는
일탈의 삶을 머릿속에 떠올리며
이 하루를 또 잡곡밥으로 시작한다

그제도 신었던 신발로
현관을 나서며 어제의
그 길을 또 지나는 것은 아닐지

가는 길을 가더라도
숱한 제 흔적을 비껴 디디면
오늘도 낯선 모퉁이를 돌아 나설까

언뜻 빠져드는 어린 속내
조심스레 밀치듯 깨우는 사람들의
틈바구니를 잘도 홀가분히 벗어나

멀찌감치
길 밖의 나를 볼 수만 있으면
너는 또한 얼마나 행복할는지.

오늘도 내게

떨쳐버리자, 잊자 하니
무언가 잃어버린 듯한
허전으로 또 밤을 맞는다

머리 위로 서릿발을 이고도
그 속에선 아직 지워지지 않았으니
여태 나는 밭일로 바쁜 사람이고

햇볕과 바람, 그리고 소낙비에도
고스란히 나를 내맡기던 그 흙더미에
이젠 아물지 않는 상처로 남는다

글만 생각한다는 사람들
어찌 그리 할 수 있을지
내 속의 궁리(窮理)로 하루를 쓰며

새까만 도화지에 하얀 펜을 얹고
오물오물 작은 발가락을 찍다가
엎어져 손도장으로 자국을 남기니

기우뚱 넘어져 이마를 찧으며
온몸으로 그려내는
내 기꺼움

화려한 텃밭을 가꾸는 향수(鄕愁) 속에
나를 세우는 깃발을 드높이 올리고
그 텅 빈 곳에다 내 그림자를 채운다.

비 내리는 날의 꿈

골목 끝 가로등 불빛이
어둠을 밀치고 담을 넘는다

내 둥지와 세상을 잇는
문과 문 사이

뜨락이 가로지르는 어느 한 켠에
디딤돌 틈새를 채운 자갈들

그 위로 알알이 들앉은
영롱한 저 색채들

드넓은 벌판을 달리던
어린 소년과 함께 잊혔던

하늘의 꿈이 흠뻑 젖은 은하수로
오월의 빗속에 내려앉고 있다.

내게서 글은

드러냄도 위함도 아닌
나를 잊으려 쓴다는

나름의 고집스러움까지
허물없이 받아넘기고

한바탕 신명나게 춤을 춰대던
그 자리에 넋이라도 묻어버릴 듯

꾼들의 카타르시스에 공감하며
언저리를 감싸고도는 내 그림자

나와 변변하게 나눌 이 외로움 하나
그런 허세로 이제야 나를 내세움이라.

성주산 하우고개에서

베고니아였던지
낯선 꽃이 가득하다
나팔꽃을 닮은 자줏빛에
손은 깊숙이 빠져들어
손톱엔 이미 붉은 물이 스미고

촘촘히 늘어선 화분 곁으로
천천히 발걸음을 옮기며
잎만 무성한 화초를 훑기도 하고
볕을 가리는 손 그늘로
새파란 패랭이꽃을 만지작거리다가

툭
떨어지는 계단 아래로
허방을 짚으면
왼손에서 오른손으로 옮겨 붙던
화려한 꽃불의 햇살 속으로

내가 떠나간 뒤
언젠가는 꽃잎도 떨어지련만
앞 켠의 저 아까시는
여전히 하얀 색으로 남아
봄날의 우듬지를 지키고 있으리.

길 · I
- 행장을 꾸리다가

갈 수 없는
만들어지지 않은
그런 길이 어디 있으려나

연신 매연을 뿜어대며
꼼짝 않고 서 있는 이촌동길
폭죽놀음이라도 하는 건지

보이지 않는
아니 볼 수가 없는 숱한 흔적들
먼 세상을 이을 시름이기나 한 양

어둠을 나르는 한강을 내려다보며
나도 모르게 우두커니
저 낯선 설렘으로 나를 비워본다.

길 · II
- 회귀(回歸)

하얀 종잇장에
마구 휘갈겨 쓴
사랑 그리고 또 사랑이라

좀체 떠오르지 않는
그 간절함의 상상만으로도
내겐 행복한 삶이려니….

길 · III
- 우연한 마주침

세찬 바람에 흩날리는
서울의 첫눈은

달뜬 반가움 가득
이 도방(道傍)의 낙엽들 사이로

거무께한 잔가지에
비껴 쌓일 겨를도 없이

금세 길을 적시다가
귀퉁이에 고이는 눈물이랑

내가 우뚝 선 땅바닥에
조각마다 하늘을 담는다.

길 · IV
- 지워지는 기억들

아직도 찬바람에
흔들거리는 민들레
얼마간 남은 홀씨조차
무언가를 기다리는 듯

경의선 철로를 막아서는
초록 울타리 넘어
메마른 줄기로 엉켜 붙은 채
빈 껍질만 나풀대는 나팔꽃

무슨 색, 어떤 크기로
지난여름을 지켰을까
고스란히 제 모습 드러낼
내년을 기대하지만

제 자리만 서성거리며
내게도 볼 기회가 있을지
네 앞에서 망설이는
지금의 자신을 다시 기억해 찾을는지.

길 · V
- 숨 쉴 여유

어머니의 침대 곁으로
이 몸 눌만한 의자 하나
불 꺼진 병실에 덩그러니
그림자로 드러누워

허공에 매달린 창밖의
달빛 실루엣을 따라가다 보면
내 껌껌의 투영(投影)은
점점 더 흐릿해만 가고

귓가에 머물던 숨소리가
겹겹으로 쪼개어져
짓누르는 안개 저 켠
그 너머로 종적을 감추고 만다.

길·Ⅵ
- 정유(丁酉)년 새 아침에

정월의 붉은 볕 위로
눈이 소복이 쌓인다

순백(純白)의 침입은 너무도
조요(照耀)롭게 이루어져

침묵하는 세상에선
나도 밀어(密語)를 나누고 싶구나

후회라 할까 아쉬움 따위는
격정의 눈물로 몽땅 쏟아내

아스라이 뼈에 새기며
즈믄 해가 가고 또 다른 해 와도

눈 날리는 오늘의 속삭임으로
너와 나란히 드러눕고 싶구나.

길 · Ⅶ
- 아쉬움을 떨치며

훅-
가쁜 숨을 밀어낸다

올해의 잦은 눈에
동네 인심은 아련하기만 한데

가로등마저 맥없이 꺼져버리고
휑뎅그렁 정적만이 스치는

불빛 잃은 골목 안을
꼼짝없이 나도 어둠으로 묻힌다

살을 에듯 밀려드는
두려움의 편린(片鱗)들

고스란히 길 위에
타인의 발자국으로 내려앉는다, 하얗게.

길 · Ⅷ
- 또 하루는 가고

숱한 의구심으로 던져놓은
갈잎 위의 시간들
다시 둑길로 되돌아와서는 머뭇거림이다

냄새는커녕 아무런 느낌도 없이
무참히 휩쓸고 지나간 자리는
놀빛도 상처투성이로 드러눕고

유성의 흔적인 양
밤하늘에 가려진 가슴 한 켠
기어이 회한(悔恨)만 벽돌로 쌓는구나.

길 · IX
- 그리움처럼

길을 걷는다
가로수를 벗삼아
이제 막 어둠이 깔리는

발 끝에서
휘청대는 그림자에 이끌려
아무렇게나 발걸음을 내던지다가

수줍게 고개 내민
제비꽃과의 만남, 그 자줏빛
작은 손짓을 마구 흔들어대지만

먼 하늘로 치닫듯
날 스치고 숨어버리는
흔적 없는 이 야릇한 스멀거림

아, 너는
내 가슴 속의 바람
사월의 유혹에 나를 묻는 바람이더구나.

길 · X
- 오월 중순이 가고

짙은 황사 바람에
햇살은 오간 곳 없으나
그래도 봄날인데

반팔로 한낮을 헤적대다가
현관을 들어서자 오싹해오니
내겐 온통 깜깜 속이라

애써 외면을 하듯
서둘러 걸쳐 입는 깔깔이
밝은 세상의 미련으로 덮노라면

벽 하나
안팎의 다른 세상을
순식간에 건너뛰는 셈인지

전기요의 온기에
벌렁 몸을 던져뉘며
꿈을 오가는 아렴풋함이라니

간간이
귀곁을 스치는 기차 소리에
하릴없는 내 오수(午睡)만 싣고 달리누마.

*깔깔이: (속)군용 방한 조끼

사월 기일(忌日)에

밤새 내린 봄비의 발자국 위로
진달래 꽃잎이 휘날린다
개나리에 목련과 벚나무도 꽃을 단
연남동 화단길도 몇 해만인지

토요 저녁미사가 있는 연희성당엔
하얀 라일락 내음이 발을 다잡는다
성묘를 다녀온 뒤로 조금은
차분해지신 어머니

6시 미사를 알리는 종소리에
웅성거림이 잦아드는 안으로 드시고
나는 저물녘의 쌀쌀한 바람에
연신 흐느적대는 향초들의 불꽃 곁으로 다가간다

분홍 노랑 빨강 하양
심지어 짙은 파랑의 파라핀이 타들어가는
역한 냄새와 그을림이 날리는
그 뒤켠으로 한 발짝쯤 더

내게서는 두어 걸음 정도
맘 같아선 아주 멀찍이 옮겨놓은 듯한
어둠이 내리는 거기 그냥 그대로
성모상으로 서 있다.

너, 오월을 마주하고

어슴푸레
귓가를 후비는
새벽녘의 빗소리에

창밖의 꿈은 아득히 끊어지고
점점 또렷해지는 이승의 정신에
또 다른 의지로 또아리를 튼다

사방으로 벽을 타고 오르다가
온몸 구석구석을 핥으며
붓끝으로 스미는 먹물같이

끊임없이 피를 게워내고
부르짖음의 몸부림이 되어
어둠의 고약한 신열을 휘날리게 된다.

유월의 뜨락은

비록
좁은 틈새이기는 하나
담장 위로 치솟은 넝쿨장미의
붉게 타오르는 그 아름다움으로

그대와 나
가슴을 거푸 적시며
목마름도 채우며
채우다가 못내

허우적거리는 빈 몸짓으로
깊이 아주 깊숙이
일찌감치 파고들다가
네게로인가

여느
바람으로 내게 오는지
늦지 말라 손을 흔들어 보이는
꽃잎들 마구 흩날리고 있는데….

2.
바닥에 드러누우면

십일월의 그리움

버스를 타고 가다가
아니 몇 며칠
찬바람에 옷깃 여미던 경의선 숲길은

지나치든 엇갈린 기억이든
색깔이나 형체가 뒤섞여버려
내게 던져주는 잔잔한 그 파문들

내 일상은 아니라며
거듭 내심으로 다짐을 하는
그 얼마간의 간절함

목마름에 부대끼고 가슴 답답한
이 막연한 짓이 마치 뜬구름인 양
바라기만한 공간에 갇혀 나뒹구니

창에 비끼는 저 햇살에
내 끝말잇기의 그림낙서는
꼬리에 꼬리를 잇는 미소를 여닫기만 하네.

7월의 길목

비 그친 하늘
한 켠으로 내몰린 먹구름 틈새로
나지막이 푸른빛이 보인다

지평선 저 너머로
여태껏 지나온 길을 잇고
또 그만큼의 시간으로

기십 년을 되돌려
온갖 품앗이의 발품까지
어림잡아 몽땅 헤아려보나

이내 헛짓이라
내게는 정작 어딘지
딱히 정한 곳이 없지 않은가

길섶에 핀 노란 꽃들
자유로 멀리 가파른 산자락에는
하얀 나무들의 설렘이 가득하고

초록이 발돋움하는 이파리들
벌써 발그스레 물이 올라
내게 들뜸의 손짓을 해대고 있다.

바닥에 드러누우면

지척으로 천장이 내려와 앉고
불 꺼진 형광등엔 여전히
어슴푸레 잔광(殘光)이 껌뻑대며

여기저기 흩뿌려
결코 이어지지 않을
잉크자국 위에서 춤을 추어댄다

눈 감고
귀 덮으면
덮을수록 더욱 빠져드는

저 몸서리의 깜깜나라
날 죄여오다가
낱낱 또 흩어내다가

섬찟 허공을 가르는
초침소리의 엉클어짐
둥둥 떠다니던 너마저 잊고 말구나.

꽃 피우기

한여름의 뙤약 이래
길고 긴 침묵의 상여를
거듭 지키고 선 파수꾼

주근깨투성이 화강암 단지를
꽃잎 가득 하얗게 물들이던
이른 봄날의 내 그림자였음도

이 갈바람에 너는 홀로
해묵은 흙먼지를 털어내며
빛바랜 옷깃으로 묻혀가는데

틀에서 갓 꺼내 든
짙은 주홍에 아주 노란
어쩌면 그 유치함에 흠씬 젖기도 한

그 화려의 조화(造花)
다시 또렷이 세우고 돌아서던 날
너의 그 환한 미소에 나를 싣는다.

그 후 · I
- 유월 초여름에

뜨락 한 켠
잎만 무성한 수국(水菊) 곁을
몇 며칠이나 무심코 지나쳤는지

줄기 끝에 내비친 자줏빛에
덜컹 내려앉는
그 가슴을 혹 잊을세라

낙서장을 뒤적거리며
긁적대는 부지런을 떨다가
서너 줄도 채 잇지 못하는데

케케묵은 이 버릇
그나마 빈 여백을 채우려
다른 하나를 비울 수 있으리라는

내 나름의 요량이라 둘러대지만
늘 떨칠 수 없는 아쉬움이
그림자마저 태워버리는 갈증으로 남더구나.

그 후 · II
- 나자렛 묘원에서

사람이 사는 곳에서는
저마다의 관습대로
죽은 자를 기리고

죽음까지
살아있는 가슴 속에
어떤 의미로든 남아 있어

육신의 스러짐인지
영혼이 떠나간 사랑이라며
더한 애달픔으로 와 닿는 건지

이제는
진정 지켜야 할 일이 무엇인지
남은 자들의 몫이 되는구나.

그 후 · III
- 대서(大暑) 지나고

귀 찢던 매미소리가 사라지고
폭염에 휘청거리는 그늘 아래
들앉아 내쉬는 가쁜 숨

한동안의 적막이 흐르면
나도 어쩔 수 없이
아지랑이 꿈틀대는 침묵으로 가라앉는다

앞서던 동행길이 되돌아
돌연 나를 덮치며
허공으로 용솟음치면

가문비나무는 송두리째 뽑히고
커다란 버즘나무 잎이 펄럭이는
황톳길 위로 빼곡히 일어나는 기억들

여기 내 곁에 머물고 있는
깊은 성찰(省察)의 인내들
어느 묵은 것들처럼 나를 괴롭히는지

비 온 뒤의 푸르름 너머
맑은 햇살을 꿰어
나도 저 하늘 바다에 몸을 띄워봄세.

그 후 · IV
– 입추(立秋)에

2층을 잔뜩 어질러 놓던
막내가 배낭을 꾸려
뉴욕을 향한 지 달포 즈음

텅 빈 주차장엔
팔월의 늦장마에 갇힌
별것도 아닌 생각들

흔적을 지워가는 눈 위에
다시 선명한 발자국들
기대감도 연필 끄트머리로 다 흩어져가고

차창에 가득한 빗방울에 숨어
불규칙하지만 높낮이가 있는
천창을 때리는 소리며

빗물에 마구 휩쓸녀
오르락내리락 멀어져 가는
어디 창밖에 내맡긴 내 마음뿐이겠나.

그 후 · V
- 사랑의 버팀목

잘 지내겠거니 바라는 나 혼자만의 위안도
잠시 잊었나 싶으면 언뜻 저만치로 멀어지고

한참이 지나서야 깨달아
힘든 이승의 모습처럼 놀라워하다가

자꾸만 가슴께로 와 닿아 부딪는
저 출렁이는 애잔함에 밀려

나도 괭이갈매기 울어대는 외딴섬으로
놀빛 부서져 나뒹구는 모래밭에 묻히고 만다.

그 후 · VI
- 병실에서

천장 한구석의 거미줄에 거꾸로 엮여
문틈을 파고드는 실바람에도 허공을 맴돌며

복도를 들썩이는 시끄러움을
지독한 무관심으로 뒤척이다가

동면(冬眠)을 하듯 웅크리고 앉은
내 안의 풍경소리로 깨우는 이 새벽

정류장을 서성이는
창밖의 사람들만 어슴푸레하다.

그 후 · VII
- 세월아

일상의 소소한 뿌듯함도 행복 속이라면
사랑은 어디로부터의 가득함일까

홀로이기를 무던히 고집하며
스미듯 왔다가 홀연히 떠나버리는 이 삶

또 다시란 가능성마저
불연속의 시간대에 나는 붙들려

어디서 끊어질지 모를
곧게 뻗은 선 위를 갈팡대며

소리치고 두드려도 깨치지 않는
오, 너무나 먼 저 순수의 실상들이여.

그 후 · Ⅷ
- 가을비에 젖어

기억의 숱한 조각들이
뒤엉켜 부딪치다가
부싯돌마냥 섬광을 내비치누나

흐트러진 가슴 한구석
거세게 타오르는 불길 위로
넘실대는 저 핏빛 춤사위는 또 무엇이며

펄떡이는 심장을
도공(陶工)의 거친 흙손질로 매만져
다듬질해 뿌옇게 바래어가고

내가 숨쉬며 사는 이 거리
유독 낯설지만 않은 짙푸른 나팔꽃의 그 때깔
내 몸뚱이는 그만 파묻혀가누나.

그 후 · IX
- 아주 하얀

긴 꼬리를 연잇는 저 구름들
서툰 손짓의 연필화(畵)로
공책 몇 장에 옮길 듯싶더니

담벼락에 낙서인 양
종이 위에 알 수 없는 줄긋기로
내내 쪽빛 허공만 탓하고 있으니.

그 후 · X
- 남은 이야기들

속옷을 흠씬 적시며 밤새
꿈에서조차 애타게 찾아 헤매던
나의 24시간, 그러니까 또 하루
슬그머니 품값으로 계산이 되었을 테지

주머니에 담겨있는 동전 몇
얼마나 남아있을까 떠올리며
머릿속에 스치는 불안감에
조금씩 경우의 수치로 늘어가고

아직은 한창이라는, 아니
그러길 바라는 내 정신적 산술과
육체의 버팀으로 무관심인 척하다가
무언가 흘리고 다니는 것은 아닌지

자리를 털고 일어나 주위를 두리번거리는
요상한 버릇에 허리띠 졸라매며
애써 긴장감을 놓지 않으려는 시늉도 더러 하고
굳이 쓰잘데 없는 일지를 매일 긁적이고 있다네.

시월 그리고 벗

창을 밀치며
뿌옇게 쏟아 든다
눈부심에 부풀은 방안
바닥을 질러 벽으로 꺾는 그림자
새카맣게 바스러진 햇살에 번뜩인다

온몸 휘감아
얼마간 나를 붙들어 매던 따스함
서녘으로 서서히 흩어져가면
내 흔적도 더 이상의
춤은 멈추고 사라지고 마나니

길 저편의 어둠자락이
몇 곱으로 기억처럼 스치는
이 가을 또한 그러할진대
주름져가는 모습에 늘 내 곁으로 있을
너를 오늘도 헤아리게 되구나.

오늘의 고봉산에는

솔잎 가득한 기슭에
둘레길 민들레가 한창

네댓 송이는
노랗게 무리를 지었는가 하면

더러는 외따로
후미진 구석의 지킴이로 굳어

제 멋에 취한 듯
찔레꽃머리의 허공을 돌다가

북적대는 그 어디
슬그머니 내려앉은 모습이라니.

잠에 곯아떨어져

어김없이 오늘도
나를 두고 떠나는 발길은
허공을 돌아 별빛 출렁이는 강변으로
검푸른 갈밭 속을 마구 헤집고 있다

기슭으로 소복한 단풍 위
싯누런 은행잎들이 눌러앉으며
연신 질러대는 비명소리
한아름의 낙엽으로 나도 까뒤집히다가

저 멀리
손짓하며 반기는 아련한 얼굴들에
어둠의 텃밭으로 갇힌 나는
분명 이승임을 가늠할 수 없어서

내 흔적의 형체가 문턱을 기웃거리는 걸까
창 밖에서 밀려드는 새하얀 불빛들이
언뜻 들이키는 찬 공기에 눈을 뜨고
꿈의 새벽임을 깨닫는 벌거숭이 몸을 일으키누나.

분꽃 생각에

길가의 산벚나무들
잎 다 떨군 잔가지마다
빗줄기에 흠씬 젖어
몸서리치는 흙빛으로 무척이나 차더구나

그렇지
맨발을 감싸는 그 보드라움
밭이랑 사이를 헤집는 웃음들에
다시 놀빛으로 내 앞을 막아서더니

지난번 사정없이
툭툭 새까만 씨앗들만 낚아채가고
휑한 꽃받침에 남긴 희미한 앙금인 양
주름진 영혼이 바닥을 나뒹구는구나.

3.
소낙비 그친 뒤

시심마(是甚麽)

뜬구름 없는 쑥덕임에
개여울 떠밀듯
시(詩)를 묻는
시집 한 권은
내가 더 궁금하다

어쩔 줄 모르는
몇 며칠의 마주침
낯선 기척도 황망하여
빈 종이에 날 쏟아놓고
자신을 읽는 두려움에 나도 무척 자유롭다.

*시심마(是甚麽): '불교' 선원에서 깨달음을 얻기 위한 공안(公案)의 말. 인생의 모든 생활 현상에 관한 근본적인 의문으로서, '생각하는 것이 무엇이냐'라는 뜻.

오늘의 한끼

까마득한 어둠에
지평을 가르는 저 실루엣
별빛 헤는 고요의 세상인지라

발끝에 이끌리는 그림자는
먼바다의 까치놀을 상상케 하는
나의 영락없는 나그네새 되어

느닷없이
곰팡내를 풍기는
몸집 부풀린 뜨락의 초록처럼

소스라치는 자신의 무딘 세월로
곁눈 흘리며 수저를 드시는지
내일의 애착까지 다 떨쳐낼 요량이라네.

명륜2가 교차로에서

빗방울이 떨어진다
안경알에 부딪쳐 터져버린다
아무렇게나 가슴팍에 문지르며 다시 걷는다

어색하기사 낯선 꽃만 하랴
애꿎은 탓만 하다가 옛 벗을 만나는 즐거움이라
맨드라미며 주홍빛 옅은 하늘색 나팔꽃도 그러한데

멀리든 가까이든
어디든 뒤엉켜 살아가는 사람들의 거리
신(神)이 남긴 고뇌와 사랑의 재주인 양

무턱대고 희생이거나 자아도취 따위
그런 것들로 제 모습을 감추며 산다고
지나치는 쇼윈도에 힐끗 비치는, 아 내가 바로 그러하지.

길가에는

폭우에 지친 하늘이 새파랗나
접시꽃 붉음 곁으로 내걸린 산개구름들
허공에 그리움만 잔뜩 쌓고 있는데

나 자신의 몫으로 나누어진 시간은
장작마냥 잘게 쪼개봐도
정작 한 줌의 불씨나마 지필 수 없는 노릇이라

왠지 목마름처럼 다가오는 소외감
사랑의 속앓인가, 너무도 절실하기 그지없어
무언가를 자꾸 잊고 살아간다.

내 마음의 한 켠에

편지를 쓴다
누군가를 한 줄 문장 속으로
상상(想像)의 풍광들을 떠올리며
전해질 리도 알지도 못할 나만의 소식을

이기(利己)와 편협(偏狹)으로
꽁꽁 묶인 내 버릇의 하루로
삼백여 일을 날마다 난 나를 가두고
가슴 저 밑바닥까지 박박 긁어 쏟아 붓는다

또 한 해가 세찬 바람에 쓸려간다
엄동의 땅거죽을 부풀리는 새벽비는 내리고
촉촉한 대지 위를 여태껏 밟고 다니는 나는
그래도 행복의 여지(餘地)를 한 줄 더 덧붙임이려니.

산다는 일

익숙한 것들과의
흔한 마주침이 내던지는
자신을 갉는 의구심의 무게는
낯선 꾸러미의 닻으로 가라앉는다

어둡고 지루한 시간들
하릴없는 일상이듯
머릿속을 마구 헤작이다가
끝내 그 짓도 잊고 마는

떨칠 수 없는 어리석음
놀빛에 곰삭은 푼수몸짓이여
달빛 그림자를 찾아 헤매는 나는 또
어느 고산의 바람꽃으로 드러눕는가.

국립현충원에서

장인어른의 봉안식도 끝나고
유골함이 안치되는 충혼당 3층 11호
황량한 허탈감이 긴 복도를 휘돈다

시작은 있었으나 저마다
마지막을 탓할 일은 아닐 터라
애달파 저미는 이 가슴을 어찌하랴

슬픔은 저만치서
이별만큼 서서히 멀어지고
흐릿한 기억으로 아른거리는 사랑

기꺼이 나도
같은 아픔으로 사진 속에 들앉아
누군가와 눈인사로 마주하며

초재(初齋) 향내 가득한
몸뚱이를 벗어 새벽을 털어내다가
행여 보이지 않을 흔적에 귀나 기울이는지.

*초재(初齋): 임종 후 첫 이렛날에 올리는 재

지장사를 들어서는데

바람을 부르는 건지
객(客)을 청하는 건지

느닷없이 경내(境內)로 퍼지는
맑은 소리에 걸음을 뻗다 보면

일일이 삼천좌(三千座)를 헤아린 듯
상수리 나뭇잎들은 땅바닥에 수북하고

지극한 범종의 울림은 긴 여운으로
산사(山寺)의 스산함을 털어내는데

아쉬움에 먼발치로 뒤를 밟던
나의 풍경소리는

끝내 처마 끝을 적시며 꾸물대다가
짙은 산안개 너머로 묻히고 마누나.

*국립현충원 호국지장사

49재를 지내고

가시렵니까
어딜 가시려는지
자꾸만 흐릿하여 떠오르지 않는 것은 어인 일입니까
아직도 저는 손을 모아 발버둥치는데
다 놓고 가시다가 혹 가는 곳을 잊지나 않으실는지
먼 훗날 찾아 뵐 흔적은 어렴풋이나마 남기셨겠지요
또 잊었다며 언짢아 하지 마시고 허허 털고 가시지요
미련이란 게 우리들만의 아쉬움이 아니겠습니까

가시렵니까
흔들흔들 봄바람에 취하듯 신명나게
여기인즉 그냥 웃어넘기며
행여 남은 이들을 탓할 일 있으시겠죠
바람이 찹니다 옷깃일랑 여미고 가셔야지요
나뭇잎도 잔가지를 떠나 어디론가 날읍니다
이내 지워질 일은 이승에서 지울 일이잖습니까

가시는군요
가시다가 구름 한 점 띄우실는지 하늘이나 보고 있으렵니다
그 모습일랑 조금 생각해 여기 머무르다 가야겠습니다
아마도 그곳 한 숨결이 여기선 두어 갑자쯤 됨직할는지
눈부신 아침 햇살이 창가의 얼굴을 비추노라면
정말 우연찮게 스치다가 마주보고 웃을 날도 있겠지요
하늘이 맞닿는 그날까지 두루두루 살펴 가십시오.

*장인어른 49재

충혼당 뒤켠에는

들풀 위로 웃자란 망초꽃들
하얗게 너울지는 기슭으로
그림자 떨친 회화나무가 섰고

그 안쪽 깊숙이
소나무 껍질을 움켜쥔 마디엔
담쟁이넝쿨이 까마득히

하늘 오르기의 몸부림인 양
숨막힘에 내쳐 깜깜
길을 찾아 나서는 발걸음들

더러 반길 것도 없는
바람에 묻다가 느닷없이
저 낯선 행선지로의 떠올림에 놀라

삼시나마
내 행방의 여유로 들앉아
가슴은 거푸 깊은 내면으로 빠져든다.

봉안식장으로 가는

아스팔트 희뿌연 오르막길을
장의차가 앞서 가고 있다

더딘 발걸음을 재촉하는
화려한 꽃내음은 더더욱 없었고

몽땅 바래버린
사랑의 향기 또한 길가로 나부끼며

가슴 속에 망망(茫茫)한 무연고(無緣故)의
작은 산책길이라도 내주려는지

기꺼이 몸을 던져 소용돌이로 내쳐지는
늦가을 오후의 짙은 그림자들

붉음과 누르스레한 잎새 사이로
햇살처럼 쏟아지며 날 밀치고 있었다.

*국립서울 현충원 소재

목욕 가는 날

대문 옆은
감나무가 온통 주황빛이다

며칠간의 새벽 찬 공기로
기어코 들뜸의 불을 얹고야 마는지

구순을 바라보시는 어머니의
짧은 탄성이 귓가를 흔드는데

어디 지난여름만이었을까
쭉정이 같은 그 기나긴 시간들

이제는 아주 가끔, 아니
좀체 뒤적여 찾기도 힘든

살 떨리는 감흥의 외마디가
이 가을풍취의 속 깊은 배려에 나를 울리누나.

버스정류장에서

차창 밖으로 북적대는
사람들을 물끄러미 바라보다가
나 또한 자신을 의식하지 않는
누군가의 눈길에 무수히 스쳐가리라

폭풍처럼 생각들이 몰아치고
무거운 몸을 일으켜
허겁지겁 정류장을 달음질로
빠져 나오는 거친 숨소리여

언뜻 온전한 나를 다잡고는
온갖 화두(話頭)를 죄다가
산다는 일이 어디 그리
무책임하게 지나칠 일이냐며

애들의 투정마냥 지우며
철없는 짓거리로 던져놓기도 하고
소일거리로 해작이는 순간들을
길 밖에서 맞닥뜨린 일상으로 되뇌게 되다니.

강북로를 건너

차창 끝을 스치는 봄바람이
경의선 가파른 둔덕을 내달려
살구나무 분홍꽃잎을 흔들어대더니

버들가지 사이로 물가의 밤섬은
누런 풀잎들이 간간이 드러누워
연둣빛 시샘을 훑어가고

빼곡히 까마귀떼 들앉아
비밀의 담을 높이 쌓아 올리며
참회의 공간으로 묻어두던

수많은 기억들만 한두 겹씩
출렁이는 강물에 한껏 부서지며
반짝이는 햇살 속을 날더구나.

소낙비 그친 뒤

허공 가득
빈틈없이 내려앉은 지평 위로

속살 훤히 내비칠 듯
뒤끓는 뭉게구름

이승의 끝자락을
저승의 넋들도 잇댈 양

하늘을 뒹구는
숨박질에 여념이 없고

고요의 천지를 가두는
파랗디 파란 저 같은 평온.

봄비 내리는 날은

좀작살나무 틈새에 끼인 채
좁은 산책로를 따라
바싹 오그라든 단풍잎 몇몇
지난가을의 바랜 흔적일 때

저 멀리 가지 못할 곳은
슬픔으로 와 닿는 까마득한 사랑
벽에 달라붙은 시간의 편란들에
가슴 조이며 부추기는 그리움들일진저

살며 지나치는
흔하디 흔한 하루치 일상에 다시 묻혀
자꾸 잃어버리며 초췌해가는
내 안의 허울뿐인 울림으로 스러져가네.

골방에서

햇살이 파고든다
방 안 깊숙이

어둠은 밀려나고
제 모습 드러내는
책장 가득한 저 서책들

곰팡내에 손때까지 얼룩진
노력과 열정의 흔적들만
수북한 먼지 속에 고스란하다

헤아려볼 엄두조차 잊고
바스러진 시간들이
잔잔한 애잔함으로 되살아나며

이제 멀찌감치 달아나는
마음의 짐으로 날 몰아세운다.

거울 속의 조각들

다 저문녘의 어스름이 불그스레
욕실로 밀려들며 어둠을 쌓는다

검게 그을린 유혹들은 벽을 타고
스멀거리다 허공을 날아오르고

지난 시간의 내 자유분방들로
별 푸른 들녘을 한껏 쏘다니다가

바닥 어디엔 흔적도 없이
하반신이 잘려나간 반토막의 나를

거울 속의 헛그림자들만
굳건히 지켜내고 있다.

4.
볕 좋은 날에

벚길을 따라

시리도록 하얀 순박함은
일찌감치 하늘바라기로 털어내고
흙내를 찾아 헤매는 양
갓 푸른 땅을 향해 연신 머리를 조아리는
연분홍의 저 지독한 설렘이라니

길 건너로
사람들의 눈높이쯤 내려와
꽃잎들 마구 터뜨리는 빈 가지
진득하지 못한 성급함을 탓하기나 하듯
시기하지도 않을 넉넉함으로 나는 맘껏 취하고 말거니.

문밖의 세상

이태 만에 꽃을 피운
자줏빛 모란 한 송이
뜨락의 초록들까지 부서져 날린다

너른 꽃잎들 깊숙이
암술 주위로 발갛게 치솟은
겹겹의 샛노란 저 불꽃들

혼자만의 삶 같은 은밀함이
거미줄에 엮여 사방으로 널브러지고
얕은 잎새의 바람에도 찢기고 펄럭대더니

제 자신의 조각인 양 놀라워하다가
궁금의 나로 네게 어떻게 다가가려는지
숯검댕이 빗방울에 빈 가슴만 내주고 마네.

빈집 지키기

일요일이었고 다시
월요일도 지난
그*그그*제마냥

열쇠를 따고 현관으로 들어서며
흐트러진 신발도 가지런히
거실 미닫이문을 닫고 있다

서너 날이 한 몸짓이면 족할 듯
비 예보에 창을 곁눈질하거나
벨소리에 택배를 받는 일 따위

줄곧 파수꾼의 실눈으로
밖을 감시하는 내겐
여전히 여행중인 밀실을 나는 빈집으로 지키고 있다.

어느 날 오후

그쳐가는 빗줄기에
이 해의 마지막인가 싶어
그간 미루던 병원에 들렀다

약을 다 짓고도 선뜻
길 건너 약국을 나서지 못한
시각은 정오를 막 지나서였다

유리벽에 비친 내 모습 사이로
훤히 내다보이는 골목 안은
차디찬 소낙비 세례로 멈춰 선 듯

텅 빈 한낮의 어두컴컴 속을
꼼짝없이 갇혀버린 망설임과
숨쉴 수 없이 얼어붙은 침묵의 대기마저

몽땅 씻겨 녹아내리고 있었다
어디엔가 고임이 없이 끝없이 달려가며
날 바깥으로 마구 몰아세우는 순수로의 그것.

목리(木理)를 헤아리다가

좀체 드러내지 않던
사랑, 믿음, 의리 같은 단자(單字)들이
울컥 솟구쳐 오르며 각혈을 해댄다

수평선 너머 까마득
허공을 훑는 파아란 그 바다의
허허(虛虛)로움에 떠밀려 파도처럼 눈물이 흐른다

어리석음을 깨치려는
이 세상 아름다움에로의 끌림도
어떤 의지도 지니지 못한 빈 껍데기로
그저 잠시 들렸다가 사라지는

날 슬프게 하는 것들로 하여
왠지 난 내게 송두리째 가슴을 내주며
자꾸만 눈물로 벅차 몸서리치는 겐지.

*木理 : 세로로 자른 나무표면에 나이테로 말미암아 나타나는 무늬

경칩을 지나

그새 봄기운이 오갔는지
길가에 늘어선 산수유 가지 위로
제 모습을 뽐내는 샛노란 꽃봉들

어둠살에 웅크려 앉은
몸뚱이에 조금씩 햇살 모아
차디찬 몸피 늘려 터뜨리는 꿈과 희망인 양

내일 또 몇 며칠 그리고
그 후로 수많은 시간들 흩어져도
기쁜 마음으로 날 반기는 것들

늘 말없이 그 자리에
혹은 나의 흔적으로 남아
바람불어 널 기다리는 아련함일진저.

볕 좋은 날에

늘 세우던 방향이 아닌
장군묘역을 등진 주차장 한 구석
차 안은 햇살 속 따스함이다

경사진 아래 멀리로
전몰장병 묘석들은 눈꽃인 양
누렇게 바랜 잔디밭에 점점이 빛나고

잊지 못할 지난 세월을
사랑의 흔적들에 가슴앓이하며
눈물짓는 빗돌로 굳어버린 시간들

서너 계단 위로 선명하게
꺾이고 드러누운 그림자를 담는다
아스팔트 위에 늘어진 자신까지도

굳이 밝힐 것 없는 궁금의 하루를
사진 몇 점에 아무렇게나
그렇게 주머니에 쑤셔 넣고 시동을 건다.

일기예보

밤새 비 온다더니
차창에 흙먼지 자국들만 빼곡히
깊게 패인 지루한 밝음이었다

마음 졸이는 시간도
지나고 나면 그리움이 되는지
먹먹한 가슴으로 아침을 맞는다

때우고 때워도
봉해지지 않는 균열이듯
막연한 상상으로 기껏

살아있음을 다하는 시늉으로
가지를 꺾는 일상이 되어가는
굳이 소리가 필요치 않은 하루다.

동행(同行)

구정(舊正)에 처가를 들렀다가
제법 먼 거리를 인파에 끼어
아내와 함께 현충원을 걸었다

늘 같이 할 수 없음이 인간의 숙명인 양
남은 자와 떠나간 이의 조우(遭遇)도
북적임 속의 매 순간이 결국은
홀로임을 깨닫는 이승의 외로움일 터

잦은 비에 새 생명의 기다림인지
앙상한 가지들만 흔들거리는 강변
키 큰 나무에 까치집이 덩그렇하다

무심코 지나치는 주위는 아랑곳없이
본능에 무지몽매하게 빠져
우듬지를 지키는 까치 한 마리
이 세상의 인연은 어디까지 일런가.

생신 즈음에

묵은 기억들을 칸칸이 풀어내듯
한 계단 한 계단을 헤아리며
더딘 걸음으로 오르는 충혼당

창밖을 가득 메운
개망초 하얀 꽃들을 쫓아
산비탈을 팔랑대는 흰나비 두엇

동색(同色)의 어울림을 같이 하려는지
6월의 풍광은 온통
초록의 울부짖음 속인데

상상의 세계를 잇는 나의 꿈은
저만치 사진 뒤켠의 그곳과도 소통은 되는지
생각할수록 더더욱 삶의 무게만 더해가누나.

그런 여기에

안경알을 닦고
투명으로 바라보는 세상은
늘 자유롭고 평온함이다
아니, 경이로움이다

자꾸 흐려만 가는
삶의 의미를 캐묻는
어리석음을 위로하듯
초점 잃은 등짝을 토닥거리고

그런 여기에
잠시 생각을 접는다
자신을 내려놓아도 됨직한
그러저러한 아무데나.

가을빛 깊숙이

목깃을 파고드는 따스함이
햇살과 나란히 드러눕는다

길게 늘어지는
이방(異邦)의 흔적들이
발끝에서 겹겹이 흩어지고

짓누르는 무게로 뒤를 쫓는
추스르지 못한 속내들
떨치려 드는 발버둥마저

아랑곳없는 미련인 양
억새꽃 하얗게 출렁대는
마지막 손짓쯤은 남겨두고

다시 가지런히 챙겨
가을빛 깊숙이 가슴에 쓸어 담는다.

담장 안은

까치밥 한 쌍이 대롱거리는
감나무 끄트머리로

주홍의 숱한 사연들이
맨 몸으로 수직 낙하를 하며
둔탁한 소리를 터뜨린다

잔바람에도 쉬이
몸을 까뒤집어 바닥을 뒹구는
이 계절의 변덕에 빠져들수록

점점 헐벗음에 익숙해지는
나는 외딴 그리움으로 야위어 간다.

내가 사는 동네

사천교 지하도를 빠져 나와
북적대는 경의숲길 맞은편으로
일방통행 화살표를 거슬러 가노라면

넝쿨장미가 뒤덮은 울타리와
허름한 벽을 잇는 두 갈래의
좁다란 옛 골목이 날 반긴다

느닷없이
경적을 울려대는 기찻길 옆을 또는
감나무 그림자가 짙게 드리운 사잇길을
종종 망설이며 주춤대다가

그날의 운세를 가늠이나 할 양
내키는 대로 발걸음을 밟아간다
초인종을 눌러도 묵묵부답인 낯선 집

조심스레 디딤돌 서넛을 지나 안으로 들면
안방에서 무심히 흘러나오는 TV소리에
노모(老母)의 놀란 표정까지 맞닥뜨리며 사는 동네다.

잊혀지는 것들

앞을 막아서며 연유를 묻는 사람은 없다
겨울을 재촉하는 찬바람에도 뒤켠 비탈지로
개망초 흰 꽃이 보인다 발걸음 가는 대로 내맡긴
충혼당 모롱이의 환한 미소는 벌써 4년차가 돼가지만

사진 속 숨결마저 잠겨 흐르는 침묵은
열 두 계단을 돌아 지상의 고요로 내려앉는다
십이지(十二支) 인생의 매듭은 기어이 완성은 될 터지만
궁금의 쳇바퀴는 거듭 나를 궁색하게 내몰고

명륜2가행 버스의 끝 번호가 0인지 2였는지
언뜻 떠오르지 않는다 멀뚱히 앞차를 보내고
한참 후에 도착한 뒤차에 재빨리 오르며
홀로 짓는 웃음으로 나 자신을 위로할 수밖에

어깨 위로 쏟는 볕이 따스하기만 하다.

결혼기념일

묵은 탁상달력을 들춰보는데
절기 소설(小雪)에 빈 동그라미 표시가 있다
11월 이 날에 눈이 왔었나, 아뿔싸

얼마 전 혹은
그끄제 때론 어제의 낼인
오늘만이 특별함이 아닐 터

지극히 평범한 나날들이
한 땀 한 땀 엮는 짜깁기의 세월 속에
묻혀가는 그 매일이 더없이 소중한

가슴 한구석을 늘
차지하고 꺼지지 않는 애틋함으로
조용히 피어나는 향기 같은 것들이여.

한 해를 보내며

봄날의 노란 꽃잎들 다 떨군
잿빛 빈 가지 위로
여름내 곱씹어 내뱉은
산수유 빨간 열매들이 그득하다

맥문동 연보라 꽃대도 까맣게
긴긴 겨울잠을 손꼽아
땅바닥에 즐비하게 드러누워
햇살을 맞는 알갱이들

뺨을 적시는 따스함에
금세 몸은 둥둥 떠올라
가없이 잊혀지기 어려운 사랑
그 또한 보이지 않는 삶이려니

목청 돋아 내지르진 않아도
가슴은 늘 가락에 취해 흥얼거리며
난 내 노래를 부른다 더는 부를 수 없는
인생의 마지막 그 총명(聰明)의 순간까지.

소한 추위에

쉴 겨를도 없이 얼어붙은 어둠이 밀려난다

거실 깊숙이 파고들며 안방을 기웃대는 이른 햇살이
구순을 맞은 어머니의 세월인 양
정오가 되기도 전에 자취를 감추고

외출은커녕 마당에조차 꼼짝 않다가
동네 마트에 들렀던 어제, 영하 17도의 기온까지
곤두박이치는 신정 연휴 그 사흘을 꼬박,

제 자신에게 몰입하는 이기적 현실 도피랄까
마음 한 켠에 어정쩡히 발을 담그고 미적대는 나는,
여전히 모순된 모습으로의 일상 속이다.

5.
사랑한다는 건

비가 내리네

추적추적
차창 너머로 지쳐가는 빗방울들

뽀얀 먼지 속 외로움도
깡그리 쓸어내리며
물안개로 숨어드는 잿빛 세상

비어가는 가슴일지라도 웅크리고 앉아
투명의 흔적으로 채우는 빗소리에
나는 끝없이 빠져들고

종일토록 내리는 비,
봄이 젖는다.

봄빛 소묘(素描)

하얗게 혹은 연분홍빛
따사로운 햇살에 겉옷을 벗어 던지듯
벚꽃 흐트러지는 거리에 바람이 인다

봄날의 화려함을 끌어와 지척으로, 들숨 가득
가슴으로 담는 세월은 어디까지일는지
그저 새삼스럽기만 한데

아프지 말자고, 못내 아쉬움에 그리움을
살아가려 애쓰는 사람들의, 그런 행복을 다는 아닐지라도
길 위의 나 또한 작은 바람을 가져보는 일이다.

청명(清明)을 맞으며

아지랑이 아릿한 들판을
가벼운 몸짓으로 봄날은 달려와
담 너머로 어여쁜 뒤태의 목련꽃
자줏빛을 흔들어 깨우더니

사랑의 전령을 재촉하듯
애타는 나그네의 걸음마다
그림자를 잇는 염원의 시간
그 행복의 곁으로 파고드는 햇살이라니.

봄의 흔적

얕은 바람에도 몸은 찢기어
상처투성이의 검갈색 가지에
붉그디 붉은 생채기를 남기며
봄빛으로 휘날리는 꽃잎들

길 위로 하얗게 또 그 위로
벚꽃들 발끝에 나뒹구는 뒤켠
저만치 경의선 숲길을 따라
분홍빛 영산홍들이 새 아침을 맞는다.

새벽녘에

지나치나 싶은
그러다 문득

가까이 다가서면
마주치지 않는 무수한 눈빛들

아득히 머나먼 벽으로 쌓으며
검푸른 이끼로 차갑게 굳어가는

가슴 찢는 고스란한 저 흔적들
내 의식의 깊은 저켠으로

한껏 비켜가는 발걸음마다
날 죄는 아련한 애달픔이라니.

사랑한다는 건

짙은 어스름 사이로
뻑 꾹, 뻐뻑 꾹
뻐꾹새 쉬어가는 짧은 쉼, 그 적막함

자신에게 울리는, 가슴 속을 흐르며
반복하는 여운의 소리
채움으로 빈자리를 메워가는 그 외로움

사하라의 거친 모래폭풍을
빗방울 한번 맞을 일 없이
한껏 벌어진 석류의 단맛

마음의 천국을 기웃거리며 찾는,
그리움의 새빨간 너
홀로 사랑하며 독백하는 그대
사랑한다는 건, 또 다른 세상에의 삶의 의미.

어느 가을날

곡산역을 끼고 울긋불긋 백마 쪽으로
가을빛에 흠씬 젖은 가로수들이 달린다

가늘게 햇살 훑는 산벚나무 아래로
허연 머리칼을 날리며 걷는 이

수북한 낙엽과 낙엽 사이를 지나
어깨를 스쳐 떨구는 나뭇잎을 밟으며 간다

바람에 묻혀 바스러지는 비명소리와 함께
흔들리는 서녘하늘 멀리로 사라지다니.

바람 따라

담장 너머로 날아든 직박구리
한 마리가 키 큰 엄나무 가시를 쪼아대며
장독대가 제 텃밭인 양 시끄럽게 울어댄다

여름내 무성했던 잎새들 그늘 사이로
감추었던 숱한 모습들은 간데없고
불쑥불쑥 튀어 오르는

빛바랜 시간들만 횅하니
잎 다 떨군 가지에 잿빛으로 남아
영하의 세찬 바람에 흔들거린다

뜨락 한 켠
서로 의지하고 위로하듯
허공에 싣는 해거름녘의 갈지자걸음이라니.

새해맞이

어둠을 밀치는 새녘의 갓밝이에
수묵화의 여백미를 떠올리며

귀 막고 눈 감은 옹고집인 양
자신이 아니면 알아볼 수 없는
거친 필체로 쏟아놓은 몹쓸 이 버릇들

인쇄 중에 멈춰선 프린터이고
토너가루가 날리고 반쯤 지워져
희미해가는 원고 위의 빈자리를 찾아
첫 어절부터 몽땅 다시 덧쓰며

필사(筆寫)도 교정이려니 애써
읽어보려던 내 게으른 부지런을 무색하게 하는
그 허탈감을 다잡은 의지로 떨쳐낸다.

더없는 세월

덩그러니 바람이 스쳐가는 정문엔
초소가 사라지고 무인차단기가 들어섰다

더러는 잊고, 때론 묻히고 마는
해 바뀜에 들끓는 숱한 기억들

순백의 손닿지 않을 까마득한 크레바스는
그 빙하의 깊은 곳으로의 추락을 겪는다

꿈의 경계가 사방으로 흩어져
발 아래로 뒹구는, 상상의 뒤엉킴들 틈새라니
막연한 기대감이 지친 걸음을 세우고

가슴 열어 맞이하는 이 순간들이
더없는 나의 세월임을 깨닫게 한다.

시인의 아내

나는 글을 쓰고 아내는 일을 한다
종일 나가 있고 얼굴보기도 힘들다

시(詩)를 좋아하는 아내가 며칠씩
늦은 시각까지 가게를 살피기라도 하면
나는 하릴없이 글쓰기를 계속한다

좋아하는 시를 쓸 시간이 없는 아내의
병산리 북한강변에 저녁놀을 생각하며.

모녀사랑

느닷없이
핸드폰 카톡음이 울린다
막내의 옆모습 사진이다

몇 해 전,
뉴욕서 딸애의 졸업식을 마치고
버하마로 크루즈 여행을 가는 선상이라며
아내가 보내왔다, 자기를 꼭 닮았다고

울고 웃고 싸우다가도 그리워
몇 며칠이고 잠 못 이루는
사람들의 세상사는 일이리라

가슴에 쌓이는 삶의 편린들조차
흩어지지 않는 영혼의 행복이기를
그런 상상들, 요새는 한낮에도 꿈을 꾼다.

담장 위엔

초록 잎새를 비집고
터뜨리는 겹겹 붉음이라

짙은 향기에 절로 이끌려
장미꽃 오월을 뒤로
다시 새 달의 문턱을 넘으며

막연히 혹은 어김없이
스쳐가는 세월의 숫자를 나는
어떤 의미로 바라보는 겐지

잊혀진 듯 버려진 듯
깊이 각인된 추억의 감성들이
새삼 가슴 속을 휘저어 흔들어대는

그 어느 날 그녀의 오후처럼
어깨를 짓누르는 그늘 위로
햇살들 따사로이 내려앉누나.

길 밖에는

강북로 위에 늘어선 더딘 차량들
그 틈새로 치어다보는 하늘은

아무 꺼릴 것이 없다는 듯
고스란한 알몸 그대로

파아란 아니, 아주 더 새파랗게
아무렴 그렇고말고

송두리째 내 영혼마저 빨아들일
시리도록 더없이 푸르른 네 빛깔이라니

구름들 하얗게
몇 점 어디서 왔는지

허공에 내가 있고
길이 있어, 또 삶은 어찌나 투명한지.

한낮의 나들이

구반포의 단골 정비소에
차를 맡긴 두어 시간의 지루함으로
현충원을 둘러올 산책코스를 잡는다

초록 풀내가 물씬한 아파트 그늘 사이로
잔바람을 등진 콧노래도 동작역을 끝으로
땡볕 속에 겉옷마저 몽땅 젖어 드는데

지금 내게로의 희로애락쯤
다 내려놓고 떠나간 길손들의 편안을 묻는
내 어리석음을 향불로 태우노라면

비 온 뒤
밀려드는 눈부신 햇살마냥
아련한 그리움은 이승의 가슴을 에누나.

이사를 하고

보름쯤 지났음인가
헤아림도 게으름의 버릇으로
뒷전으로 돌아눕는다

짐 정리에
지친 몸을 달래볼 심산으로
제2자유로를 타고 단숨에 파주까지 내달린다

무성한 잡초 사이로 드문드문
토끼풀 새순이 눈에 띄고
여뀌 꽃무리의 붉음을 옮겨 놓은 듯
한가위 연휴에 타오르는 구월

뭉게구름들 한껏 부풀리는 저 하늘은
마음을 비우라고, 살을 찌우라고
내게 자꾸 성가심만 안기고 있다.

그림자 밟기

강북 집을 팔고 강 건너
동작구로 이사를 했다

작은 행복을 삶의 두께로 가늠하며
마음의 안식을 찾아보는 구순의 모친이나
어찌 그 많은 시간들을 기억에 담아두랴

사십여 년의 아련함에 애틋한
가슴은 눈물에 젖어들고
망각의 존재임을, 그래서
살아가는 거라고 믿는 인간의 본디 모습은
거짓과 진실의 어느 무게로 기울는지

답이 모호하다기보단 써낼 수가 없는
마음의 푸념을 하는 게지, 차마 그런 게지

가을로 가는 길목조차
제 갈 길인 양 저 홀로 가는 세월
그 길을 따라 나도 그림자밟기를 한다.

시월에

비, 비, 비

환한 등불이 서서히
어둠 속으로 자취를 감추고
어스름 남은 불빛에 어렴풋한 실루엣들

비 온다
추억을 끌어내는 마력을 숨긴 채
시월에, 비가 내린다

아련히 떠오르는 피 끓던 감성들
어쩐지 잊었던 커피맛도, 같이 거닐던
마로니에, 그 거리를 눈으로 밟으며

찬바람에 소름 돋아
몸피 줄이는 쌀쌀한 오후
몇 며칠을 벼르다가 바깥 공기를 쐰다

일상으로 굳어가는 독백의 시간들
이따금 가져보는 내 자유의 만끽임을,
가을을 적시는 빗소리를 가득 담아
장막 뒤켠, 저 머나먼 뱃길로 배낭여행을 떠난다.